Título

Cómo sané de cáncer del alma

Reflexiones de familia para padres

J. Rafael Alcántara S.

www.taoplaya.com

COPYRIGHT

Agradecimientos

Gracias a ti que me conoces desde siempre. Gracias por regalarme el don de la existencia. ¡Gracias Dios!

A ti me que me lees, gracias por decidir regalarte y regalarme este momento juntos.

Índice

Título

COPYRIGHT

Agradecimientos

Índice

I

¡ESTOY VIVO!

II

¡MUNDO ESTÚPIDO!

III

¡QUIERO SER DE CARÁCTER FUERTE!

IV

¿CUÁL VASO ESTÁ MÁS LLENO?

V

¡CONOCÍ A MIS HIJOS!

VI

LA GOTA CELESTIAL

VII

¡SER AGUA, NO ACEITE!

VIII

¡NO SEAS COBARDE, SÍ A LA VIDA!

IX

¿QUIERES UN CONSEJO? ¡NO TE LO VOY A DAR!

X

¡NO SEAS AGUA ESTANCADA!

XI

¡SOY NIÑO DE NUEVO!

XII

LA JOYA MÁS VALIOSA

XIII

DUELO POR UN AMIGO EN LA FAMILIA

XIV

LOS PROBLEMAS SON MIS ALIADOS

XV

PARA LLEGAR ARRIBA, ESTAR POR DEBAJO

XVI

¡YO SOY AGUA!

XVII

GOTA DEL MAR

XVIII

EL MAESTRO SE DESPIDIÓ... PERO SIGUE AQUÍ

EPÍLOGO

Título

COPYRIGHT

Agradecimientos

Índice

I

¡ESTOY VIVO!

II

¡MUNDO ESTÚPIDO!

III

¡QUIERO SER DE CARÁCTER FUERTE!

IV

¿CUÁL VASO ESTÁ MÁS LLENO?

V

¡CONOCÍ A MIS HIJOS!

VI

LA GOTA CELESTIAL

VII

¡SER AGUA, NO ACEITE!

VIII

¡NO SEAS COBARDE, SÍ A LA VIDA!

IX

¿QUIERES UN CONSEJO? ¡NO TE LO VOY A DAR!

X

¡NO SEAS AGUA ESTANCADA!

XI

¡SOY NIÑO DE NUEVO!

XII

LA JOYA MÁS VALIOSA

XIII

DUELO POR UN AMIGO EN LA FAMILIA

XIV

LOS PROBLEMAS SON MIS ALIADOS

XV

PARA LLEGAR ARRIBA, ESTAR POR DEBAJO

XVI

¡YO SOY AGUA!

XVII

GOTA DEL MAR

XVIII

EL MAESTRO SE DESPIDIÓ... PERO SIGUE AQUÍ

EPÍLOGO

I

¡ESTOY VIVO!

Dentro de diez minutos nos vamos, repetí mentalmente la promesa, pero ya sabía desde ese momento que, como las veces anteriores, no la cumpliría, pues el hecho de continuar vivo a pesar del cáncer que sufrí me hacía valorar ahora el don de la vida. Ahora tenía menos prisa.

Al amanecer ver cómo nace el sol en el mar fue realmente hermoso, cómo este se iba coloreando desde el verde esmeralda a un azul turquesa y muchos tonos más. Por la tarde la caída del sol sobre el horizonte era un espectáculo maravilloso.

Cientos, miles de destellos del mar deslumbraban mis ojos, pues este se revolvía excitado mientras cantaba una hermosa melodía. Ese atardecer realmente creí que el mar cantaba para mí. De vez en cuando alguna ola agonizante venía a tocar mis pies con cierta timidez, curiosa por conocerme; tal vez porque sabía que en algún momento de mi existencia yo estuve más muerto que vivo. La espuma me causaba una sensación de verdad maravillosa cuando las diminutas burbujas reventaban sobre mi piel, algo así como un masaje relajante y cosquilleante.

La brisa vespertina acariciaba mi rostro y mi cabello, suave, tibia, perfumada… la arena que a veces sirve de juguete a los niños para construir un castillo y a veces de colchón a los adultos para descansar, iba y venía, bailando con el mar un vals mientras chocaba con mis pies. Estar ahí sentado apoyado en mis brazos fue para mí el regalo más grande de ese día.

En lontananza, algunas gaviotas se dibujaron contra los últimos rayos de luz evocando a la libertad. Sí... sin duda esa era la mejor imagen para representar a la libertad y a la vida.

Ningún artista podría jamás pintar algo tan hermoso, me dije. En especial ese paisaje que, aunque anunciaba la muerte de un día, en realidad evidenciaba la abundante vida del universo. De este hermoso punto del universo. O tal vez creí que ningún artista lo podría pintar jamás porque, pensándolo bien, esa imagen era mía, solamente mía. Cuando alguien pinta un paisaje, lo hace para mostrarlo a los demás, para recibir halagos. Pero no deja de ser su paisaje, por más que quiera no podrá dejar de poner en la pintura algo de sí, y si es una obra de arte entonces transmitirá una gran variedad de emociones a quienes la admiren, pero esas emociones partirían de cómo el artista concibió el paisaje, serían sus emociones. En cambio nunca podría pintar todo lo que yo sentía al admirar esa belleza porque, además, no era solamente la vista el único sentido implicado ¡eran todos mis sentidos, toda mi alma e inteligencia! Yo no admiraba, yo vivía dentro de toda esa armonía perfecta y, por un momento, yo mismo me sentí parte de todo aquello, como un grano de arena, como una gota del mar, como un soplo del viento, como un rayo del sol, como una gaviota o el aleteo de una gaviota. Daba lo mismo... mientras siguiera vivo daba lo mismo.

Era hermoso saber que, el Pintor por excelencia había creado toda esa belleza para mí, y no sólo eso... ¡me había incluido en la obra!

Recuerdo muy bien que me sentí especialmente vivo esa tarde o, para tratar de expresar mejor cómo me sentía, tal vez podría decir súper vivo. Llené mis pulmones a su máxima capacidad y lentamente exhalé, mientras mi corazón comenzó a latir más tranquilo.

Agradecí a Dios la oportunidad de ser, de existir. No de ser un hombre ni de saber, ni de poseer algún bien ni de alguna otra cosa; simplemente agradecí a Dios por ser, por estar dentro de su creación. ¡Qué don tan maravilloso!

Me emocionó la idea de tratar de adivinar en qué momento había pensado en crearme, si es que cuando lo pensó ya existía el tiempo, pues a veces me siento muy viejo y a veces me siento como un niño. Tal vez soy un viejo con espíritu de niño, o soy un niño con espíritu de viejo.

Cuando era pequeño, mis padres me habían enseñado a dar gracias por el alimento de cada día, costumbre que, después de casado había ido perdiendo poco a poco por la rutina diaria.

Me enseñaron a dar gracias por todo lo que recibía ya fuera un juguete, una felicitación, un regalo o cualquier otra cosa. Pero nunca me enseñaron a dar gracias por ser, simplemente por ser... por existir.

¿Quién hubiera escrito lo que he escrito si yo no existiera? ¿Quién lloraría por lo que yo he llorado? ¿Reído por lo que yo reí? ¿Hecho lo bueno y también lo malo? Nadie seguramente. Comprendí entonces que soy un ser único en el infinito universo, ¡comprendí entonces que el infinito universo nunca hubiera sido el mismo sin mí! Comprendí también que tampoco lo sería si faltara un solo grano de arena a la playa, un pétalo a la flor o una gota a la lluvia. Todo es muy simple, cada uno de estos seres ocupa su lugar en el universo sin competir, sin luchar, sin compararse; pues cada uno tiene su belleza propia. De ellos y de toda la naturaleza aprendí que si quería ser pleno, también tenía que dejar de competir, de luchar, de compararme... simplemente tomé en el universo el lugar que corresponde; de esta forma pude guardar silencio, pues ya no tenía caso hablar tanto de lo que sabía o quería saber. Miré hacia adentro y comencé a encontrar las respuestas que tanto busqué afuera. Me convertí en semilla y dejé que el dueño del jardín me regara con el agua que Él quisiera pues, aunque toda mi vida he vivido inevitablemente conmigo, es muy poco lo que me conozco. Aun hoy lo tengo que reconocer.

Cuando guardé silencio y miré hacia adentro el Maestro habló, por eso lo pude escuchar y ese hermoso principio del anochecer en La Riviera Maya fue el último que pasé junto a él, charlando juntos en la playa, totalmente alejados de la gente. Mientras tanto mi esposa y mis hijos buscaban conchas y caracoles de mar aprovechando la poca luz que quedaba, alejándose cada vez más, hasta que sus risas y bulla se confundieron con el canto del mar.

Cuando al fin lo busqué para agradecer por las enseñanzas, ya no estaba. Se había ido tan silenciosamente como siempre había llegado. Busqué sus huellas en la playa, pero creo que el mar se las había llevado celoso de que alguien las fuera a robar, reclamó lo que es suyo. Lo busqué a lo lejos, pero a la distancia sólo me pareció que era un grano más de arena, una gota del mar o el último rayo del sol. No volvería a escucharlo, al menos no en mucho tiempo, porque nunca lo vi.

II

¡MUNDO ESTÚPIDO!

Hoy, cuando escribo esto, no puedo dejar de sentir una gran nostalgia por las enseñanzas del Maestro. Ya ha pasado algún tiempo desde que todo comenzó sin embargo cada enseñanza, cada acontecimiento, cada frase e imagen quedaron grabados con fuego, no en mi cerebro, sino en mi mente… en mi alma.

Recuerdo que yo no solía ver la vida como la veo ahora ¡como la vivo ahora!

Muchos años antes de ese bello crepúsculo yo era muy distinto, alguien totalmente diferente del que ahora soy. Me creía un ser "eterno", alguien inmune a cualquier enfermedad pues siempre alardeaba de estar "lleno de vida". Tal vez sí, pero en realidad estaba más bien lleno de soberbia, pues creía saberlo todo y para todo siempre tenía la respuesta correcta. Ahora me doy cuenta de lo que realmente era...

Yo creía que sabía, y el creer eso me convirtió en ignorante.

En ese entonces yo nunca me detenía a observar un paisaje, me hubiera parecido una verdadera pérdida de tiempo ¡una tontería! Tenía que llegar rápido con los amigos o al trabajo o simplemente a… no hacer nada.

Nunca escuchaba la plática de un niño, ni siquiera la de mis propios hijos. A los bebés los odiaba cuando, con sus chillidos, no me dejaban escuchar el televisor o me despertaban por la noche. Varias veces avergoncé a mi esposa cuando me salía molesto de la sala porque alguna visita llevara un bebé.

Me quejaba por el inclemente viento de la primavera, pues me producía jaquecas y mal humor con sus respectivos cortes de luz en pleno partido de fut bol, cabello alborotado y ojos llorosos e irritados por tanto polvo, o el quemante calor del verano con sus torrenciales lluvias, las cuales deseaba que cayeran en el campo, no en la ciudad. ¡Incontables veces quedé hecho una sopa! Sentía verdadera pena por mis impecables zapatos que seguramente odiaban esa lluvia tanto como yo. La sequedad del otoño me causaba una tos que no me dejaba ni respirar. ¡Y ni qué decir del maldito frío del invierno! Cómo odiaba sentirme como un pedazo de hielo en todas partes; las rodillas me dolían terriblemente cada vez que me tenía que levantar después de estar un buen rato sentado en el trabajo y teclear en la computadora era realmente molesto, tenía que frotar primero mis manos para poder hacerlo. Y así me creía "lleno de vida"

Esa era mi biografía... así se podía resumir toda mi existencia. Ahora lo entiendo claramente. Mi vida se reducía a un montón de minutos, horas, días... ¡semanas, meses y años llenos de ira e inconformidad!

Nuestro currículum debería evidenciar cuánto hemos amado, no cuánto hemos estudiado. ¡Sí, estudié mucho! pero de lo que debía saber, me avergüenza reconocerlo, poco o nada sabía. Claro que esto a los empresarios no les interesa, pero alguna vez comprenderán que una persona que se ama a sí misma y a los demás, también ama a su trabajo y, por lo tanto, lo hace bien ¡muy bien! Pues está dejando algo de sí en cada pensamiento y en cada acto que su trabajo requiere. El sueldo paga el trabajo, pero no compra la dignidad del trabajador.

III

¡QUIERO SER DE CARÁCTER FUERTE!

Era, hasta cierto punto, lógico. Tal vez inevitable. ¡Muchas veces las maldije! ya fuera porque me tropezara, no encontrara zapatos a mi medida o simplemente me parecieran demasiado flacuchas o endebles… maldije a mis piernas como maldije a lo largo de los años cada parte de mi cuerpo que doliera. Y sucedió lo que tenía que suceder: ¡contraje cáncer de huesos! ¡Maldita enfermedad! Este se había concentrado precisamente en mis piernas y pies. Entonces los maldije muchas veces más pues en lugar de servirme, se convirtieron en dos pesadas anclas, en dos estorbos con la encomienda de mantenerme atado a una silla de ruedas. Pero no, no se conformaban con eso ¡además tuve que soportar el dolor que con verdadero odio laceraba mi cuerpo de manera inclemente!

Ahora, por fin estoy consciente de que fui yo mismo quien llamó al cáncer, por eso escribo *contraje*, pues yo contribuí a traerlo a mi vida. Ahora bendigo a mi cuerpo todos los días y este me responde lleno de salud y vitalidad… Ojalá lo hubiera hecho desde entonces.

Mi primera reacción fue de rechazo, de rebeldía. Todo me parecía una mala broma del Oncólogo. Muchas veces alguna vocecilla interior me había advertido que moderara mi tren de emociones, como ahora lo llamo, no tren de vida, pues lo que daña al cuerpo no es tanto lo que haces, sino cómo concibes lo que haces.

Me di cuenta de que cuando más me preocupaba por controlar a quienes me rodeaban en el trabajo, la familia, el cuidado de la economía y muchas otras cosas, terminaba más cansado y malhumorado al final del día. Lo que dañó a mi cuerpo fue esa ansiedad de que todo se hiciera como yo quería, no tanto el hacer las cosas en sí.

En ese tiempo yo vivía o más bien moría en completa soledad. Mis hijos y mi esposa se habían alejado de mí, de lo cual no los culpo, pues más bien fui yo quien los alejé con mis actitudes de mártir incomprendido. "Entiendan a su papi, tiene el carácter fuerte", solía explicar mi esposa a mis hijos para que comprendieran el porqué su padre estaba siempre de mal humor.

En cierta ocasión estaba en el jardín, anclado a mi silla de ruedas, tratando de sobreponerme a los efectos de la radioterapia, lamentándome por mi condición y preocupándome por el futuro de mi familia; un futuro donde yo ya no aparecía más que como un recuerdo en una vieja y amarillenta fotografía.

¡Fue entonces cuando ocurrió! ¡El Maestro apareció por primera vez! O más bien fue la primera vez que yo lo pude escuchar. Pude ver cómo la humedad empezaba a invadir una gruesa y fuerte pared de roca recién construida, ¡estúpido plomero! maldije; ¿cómo era posible que hubiera dejado una fuga precisamente en un lugar tan difícil de reparar, debajo de la barda? De pronto, un rayo de sol se reflejó en una incipiente gota de agua, me pareció sumamente indefensa, frágil. Algo tan miserablemente pequeño no podría nunca ser trascendente, importante y mucho menos necesario. ¡Qué equivocado estaba! Ese resplandor tan minúsculo comenzó a crecer junto con la gota de agua, temblorosa por la corriente de aire, por un momento me pareció que tenía vida, que estaba luchando contra la muerte. Fui testigo de cómo venció a la roca después de un buen rato… y llegó a donde quería llegar. Durante el trayecto de la gota de agua hacia la tierra pude intuir lo que es la eternidad. Fue en ese momento, al fin escuché sus primeras enseñanzas.

Lo débil vence a lo fuerte con tenacidad, con paciencia, pero sobre todo con fe. Aquella barda que podría detener sin problema a un auto que por accidente chocara con ella, estaba siendo vencida por una simple gota de agua. Esta gota no parecía tener prisa en demostrar su fuerza ¡al contrario! más bien parecía que deseaba verse frágil, débil… indefensa. ¡Ahí estaba su grandeza, en su humildad!

Aprendí que el verdadero carácter fuerte lo tiene la persona que no pierde la compostura bajo ninguna circunstancia, que no grita ni se altera con facilidad, que no es violenta. ¡La que parece débil, pero se mantiene íntegra y serena ante cualquier problema! Se requiere mucha más fuerza de carácter para mantenerse sereno que para gritar y violentarse. Eso no requiere de hecho el más mínimo esfuerzo pues cualquiera se ofende, se altera, grita y hasta tira golpes con facilidad. No ha hecho el más mínimo esfuerzo por controlarse y, si lo quiso hacer, no pudo. Lo que yo veo ahí es debilidad, no fortaleza.

Ahora que tengo la capacidad de controlarme ante cualquier situación, sin gritar, sin ofender, sin violentar, ahora que soy resilente, ¡ahora, es cuando puedo decir de mí mismo, que tengo el carácter fuerte!

Admiré a la gota de agua porque había llegado adonde quería, no para morir, sino para dar vida. Su esfuerzo y tenacidad no habían sido en vano, pues al pasar dentro de la roca, salir de ella y llegar a la tierra, había hecho el camino más fácil para la siguiente gota que seguramente iría tras ella, pero realizando menos esfuerzo. Me pregunté si hasta ese momento yo había hecho lo mismo que esa gota de agua; si había hecho el camino más fácil para quien viene detrás de mí o, por el contrario, más difícil... si mi inminente muerte serviría para dar vida a otros, o si ni siquiera me la había dado a mí mismo.

Entonces tuve el deseo de ser fuerte, tan inmensamente fuerte como una gota de agua.

IV

¿CUÁL VASO ESTÁ MÁS LLENO?

Mi esposa se había convertido, para mí, en la mujer que me atendía después de una dura jornada de trabajo. La que se tenía que ocupar de la economía del hogar, a la que yo entregaba una cantidad cada quincena para evidenciar mi bondad y mi responsabilidad. Sin embargo, realmente estaba comprando dos semanas de no me molesten; estaba tranquilizando mi conciencia creyendo que era buen esposo y padre sólo por llevar dinero.

¡En mi casa cada quincena se subastaba el respeto, el cariño, la atención y los privilegios! Adivinaste, yo era el único que los podía pagar. Ningún miembro de la familia podía ofertar más. Estábamos tan acostumbrados a que así fuera que nadie se presentaba a la subasta; triunfante me adjudicaba todas las prerrogativas de ser el ganador. De esa forma no tendría que dar explicaciones a nadie por llegar tarde o podría elegir el menú para el día siguiente; también podía exigir que mi ropa estuviera impecablemente limpia y planchada y que no se me interrumpiera cuando viera el televisor; los partidos de fut bol eran mi prioridad. En ese entonces el ser con el que tenía más contacto era precisamente el televisor.

Mientras tanto ella, paciente, era a veces mi esposa, a veces mi madre obligada por mí. Pero nunca mujer. ¿Dónde estaba la mujer de la que me había enamorado? ¿Qué había hecho yo de ella?

Siempre hablaba, en interminables monólogos, acerca de mis objetivos e inquietudes arrebatando la palabra cuando alguno de mis hijos o mi esposa quería compartirnos al resto de la familia alguno de sus sueños. Creía en mi absurda ceguera que los únicos proyectos importantes eran los míos, los únicos sueños dignos de cumplirse, los míos. Me ponía como ejemplo de realización para todos cuando en realidad era un ser frustrado y gris, creía ser alegre cuando en realidad era escandaloso.

Recuerdo que, en cierta ocasión, me atreví a preguntarle si era feliz, arriesgándome a recibir una andanada de reclamos, los cuales en verdad merecía.

Respondió que sí. Yo quedé pasmado ¿cómo era posible que se pudiera ser feliz con una vida tan monótona?

-¡No mientas! -aventuré intrigado y decidido a llegar hasta las últimas consecuencias, pues una insana preocupación por ella me invadió-. ¿De verdad te sientes realizada? -volví a atacarla. Ella me miró con ternura, tal vez sintiendo pena por mí, a causa de mi ignorancia.

-Nunca dije que me sintiera realizada –respondió-, pero en este momento soy feliz; aunque aún tengo mucho que aprender.

Al notar mi turbación sonrió afable y me invitó a tomar un vaso con agua, al ofrecérmelo ella, escuché de nuevo al Maestro.

Comprendí que un vaso pequeño lleno de agua no está menos lleno que un vaso grande. Cuando los dos están llenos hasta el borde a ninguno le cabe más. Los dos tienen lo necesario para ser plenos, cada uno en su tamaño. Pero más importante aún fue que comprendí que el vaso grande era ella, en cambio yo... el pequeño.

Al comprender la estrechez de mi mente y mi corazón, quise ser mejor que la persona que hasta entonces había sido ¡ahora veía los vasos de mi esposa y mis hijos inmensos comparados con el mío! Así que me vacié de todo lo que me invadía, de todo lo que me llenaba en ese momento. Me vacié para que Dios pudiera llenarme de la mejor agua, la más fresca y cristalina, en la que mi esposa y mis hijos pudieran saciar su sed de amor y comprensión.

Entonces tuve el deseo de vaciarme de todo lo malo que había en mí, y le pedí a Dios que me llenara del agua verdadera, es decir de Él mismo.

V

¡CONOCÍ A MIS HIJOS!

¡Hasta entonces pude conocer a mis hijos! Claro que, como la gran mayoría de los padres, yo creía que los conocía… pero no era así. Más bien conocía sus necesidades materiales, las cuales me apresuraba a solventar. Conocía su rostro sonriendo por recibir un juguete, conocía sus actitudes para hacerme saber que deseaban algo. Si era calentura, entonces tenía que dejar dinero para la consulta con el Médico, si se acercaba un cumpleaños, entonces tenía que aportar lo necesario para la fiesta, si era fin de año, comprar regalos para continuar con la "tradición", si era inicio de clases comprar los útiles escolares y más… la lista sería interminable.

Muy orgulloso de mí mismo me ufanaba de ser un buen padre, pues creía que cumplía con mi deber, pero… vivía engañado.

Cuando estuve en cama, me di cuenta de que las enfermedades son más pequeñas cuando tienes el apoyo de quienes te aman. ¡Entonces fue cuando de verdad conocí a mis hijos y me admiré de lo fácil que se puede hacer feliz a un niño! El detalle de una simple golosina, leerles un cuento por las noches, ¡cualquier cosa se podía convertir en el mejor de los juguetes para jugar con ellos! Pero sobre todo, aprendí a escucharlos. Comprendí que su mundo lleno de juegos es para ellos algo muy serio, que sus inquietudes no son menos importantes que las mías como yo siempre lo había creído. Me di cuenta de que únicamente conocía de ellos sus necesidades materiales, pero me había olvidado de las espirituales. Entonces, los amé con todo mi corazón, pues habían tenido que vivir toda su existencia con una máquina de solventar necesidades más que con un padre. Ahora sé que conozco a mis hijos porque he reído con ellos y también he llorado con ellos. Es hermoso escucharlos, pues en ellos veo al niño que hay en mí, el cual todavía tiene inquietudes y deseos de hacer de vez en cuando una travesura… aún tiene sed de amor.

De nuevo habló. Mis hijos eran como dos gotas de agua, no porque se parecieran mucho físicamente o en el carácter, sino porque tienen, como todos los niños, una increíble resilencia. ¡Pudieron sobrevivirme sin volverse locos, y eso ya es digno de admirarse! Eran como el agua, que toma la forma del lugar donde se pone sin dejar de ser lo que es, ya sea un vaso, la palma de tu mano o simplemente el suelo. Nunca podrían fingir ni ser hipócritas.

Esencialmente eso eran ellos, soportándome cada día, sin rencor por los desprecios del día anterior, como si nada hubiera pasado. Son mis hijos, pero ante todo son niños y espero que nunca lo dejen de ser, tengan la edad que tengan.

Entonces tuve el deseo de ser como el agua, que adopta la forma del lugar donde se pone sin dejar de ser lo que es. Quise ser el mismo siempre, sin preocuparme por adoptar falsas personalidades, quise dejar de ser hipócrita.

VI

LA GOTA CELESTIAL

Desde entonces me hice el propósito de no resignarme a morir, de no bajar la cabeza para anticipar mi derrota. Ya había comprendido que mi debilidad de carácter me había atraído, al menos en parte, una enfermedad, tal vez una de las más terribles.

Lo volví a escuchar. La enseñanza fue trascendental esa tarde, tan trascendental que, si yo no hubiera puesto atención, seguramente estaría ya muerto.

La radioterapia aparentemente comenzaba a dar mejores resultados en los huesos, pero el Oncólogo se mantenía poco optimista ante el nuevo diagnóstico: metástasis.

El cáncer había llegado a los riñones y comenzaba a invadir el pulmón izquierdo. El dolor se volvió casi insoportable, tanto que tenía que guardar cama la mayor parte del tiempo. Fue ahí, desde mi cama y observando la lluvia a través de la ventana cuando el Maestro volvió a hablar, pues para entonces ya veía menos el televisor. En mi mente pude ver claramente cómo la gota de agua salía desde el tubo para, lentamente horadar la dura roca, llevándose consigo inevitablemente las pequeñas partículas que encontraba a su paso, tan pequeñas eran que prácticamente no se podían observar a simple vista. Lo comprendí de inmediato. Mi cuerpo rígido y adolorido era como una roca, la salud y la vida se me estaban yendo, así que comencé a imaginar cómo una gota de agua llegaba desde el cielo, se introducía en mi cabeza y lentamente, pero con firmeza descendía desde ahí por todos y cada uno de mis huesos órganos y tejidos; me empeñaba en sentir lo más claramente que me era posible cómo la gota de agua celestial me invadía, me inundaba y, a su paso, se llevaba todas las partículas del cáncer, todo el odio guardado en mi mente y corazón desde la infancia, todos los rencores, los cuales, ya había comprendido que son el cáncer del alma.

Después de recorrer todo mi cuerpo, imaginaba cómo esa gota llegaba hasta mi vejiga, y cada vez que tenía que orinar podía sentir cómo las gotas de agua que habían llegado a mi cuerpo desde el cielo salían llevándose consigo el cáncer, el odio y los rencores.

Dado que por mi situación tuve que pasar mucho tiempo inactivo, aprovechaba la mayor parte del día imaginando cómo una gota tras otra llegaban hasta mí para purificarme, para llevarse mi enfermedad, para limpiar mis huesos y todos mis tejidos de las células malignas… para limpiar mi corazón. Entonces valoré el difícil trabajo de quienes son los encargados de llevarse nuestras impurezas, aquellos depositarios de nuestros desechos y errores: los consejeros, los amigos, el Sacerdote, el Pastor o el Psicólogo... los Ángeles tal vez. Los admiré porque ellos son como el agua, la cual se lleva las impurezas que encuentra a su paso sin dejar de ser lo que es. Me pregunté si había tenido la capacidad de ser como el agua que se lleva las impurezas, principalmente para mi esposa, para mis hijos, para mí mismo, para quienes alguna vez esperaron de mí que los escuchara sin que yo los apresurara por mi ansiedad crónica, por mi falta de tiempo.

Entonces tuve el deseo de ser como una gota de agua, para poder llevarme las impurezas de quien lo necesitara, sin importar quién se trate.

VII

¡SER AGUA, NO ACEITE!

Comencé entonces a ser un poco más reflexivo, más consciente de mis pensamientos y mis actos. Descubrí que la mayor parte de mis actividades las realizaba de manera rutinaria, sin vivirlas; todo era mecánico ¡hasta el beso de despedida que solía dar a mi familia antes de salir rumbo al trabajo!

Agradezco infinitamente la oportunidad de poder razonar todo esto, de poder comprender, pues ahora descubro con dolor que los estaba arrastrando a ellos también a hacer todo por rutina, a vivir en una interminable repetición de actos sin sentido... sin amor.

Afortunadamente tuvieron la capacidad de no imitarme.

En cierta ocasión en la que, puesto de pie, admiraba la lluvia a través de la ventana de la recámara, jugaba a adivinar dónde caería una gota de agua, pues para entonces ya me atrevía a jugar de nuevo pero aun sin reconocerlo abiertamente ante mi familia. Recibí una nueva enseñanza.

Supe que nuestro origen es el cielo que, al igual que la lluvia tiene la misión de dar vida a un sinfín de seres, entre ellos el ser humano mismo.

Después de cumplir con un ciclo, vuelve de nuevo al cielo convertida en vapor para continuar dando vida.

Me pregunté entonces si yo era como la lluvia que viene del cielo y deduje que sí. En sentido espiritual reconocí a Dios como mi creador y por otra parte, si la vida había llegado al planeta por medio de un meteorito me daba lo mismo. Inevitablemente el creador de la vida como tal es Dios. Sí, me dije, mi origen es el cielo. Entonces me pregunté si, como la lluvia, mi paso por la tierra era para dar vida, para compartirla, para nutrirla... o, por el contrario, me había convertido tal vez en una gota de aceite, egoísta pasando por encima de los demás sin preocuparme por el daño que hacía a mi alrededor, rompiendo mi propio ciclo de vida, apegándome a lo material, arraigándome a lo más profundo de esta tierra, impregnándome en ella, creyéndome dueño del minúsculo y miserable espacio que ocupaba e ideando mil formas para apropiarme del espacio de los demás, negándome a mí mismo el derecho de ser una gota de agua para convertirme en vapor y llegar de nuevo al cielo del aprendizaje de mí mismo y de los demás para, después, venir a dar vida de nuevo.

Me di cuenta de que una vez había llegado del cielo convertido en un sabio bebé, pero no había vuelto a él para aprender más, me había quedado aquí... aferrado a todo lo que significara seguridad, pues por ese entonces confiaba más en los bienes materiales que en mí... que en Dios.

En este barco que continuamente se tambaleaba, según yo, lo mejor era tener algo seguro, algo de dónde aferrarse en caso de un hundimiento.

Sin embargo el hundimiento no se dio, ni se dará. Caí en la cuenta de que cuando se desea menos entonces se posee más.

Ya no me aferré a la tierra, ni consideré como mío el pedazo que ocupaba, el Maestro me dijo que todo lo que tuviera aquí era solamente prestado. Y tuvo razón.

Me liberé y, al no sentirme dueño de nada, entonces pude disfrutar de todo de una forma más plena. Inclusive, creo que me quité un gran peso de encima pues salí de la jaula que yo mismo me había construido, al no sentirme dueño de ella, sus barrotes cayeron y tomaron la forma que en realidad siempre habían tenido; eran hermosos, más bellos que la jaula que alguna vez formaron, pero su razón de ser era servirme a mí… mas no yo a ellos.

Ahora que ocupaban en mi vida el lugar que les correspondía fueron más bellos que antes.

Siendo libre pude volar sin traba alguna, y pude ser más pleno que nunca, admirando los paisajes más hermosos del mundo del conocimiento y la verdad desde el cielo donde todo se puede admirar, no desde una jaula donde se puede ver muy poco. Casi nada.

Entonces, tuve el deseo de ser como el agua de la lluvia la cual viene del cielo y llega a la tierra a procurar vida y sin adueñarse de nada, regresa al cielo purificada, convertida en vapor, para recibir las enseñanzas necesarias, y volver a dar vida de nuevo.

VIII

¡NO SEAS COBARDE, SÍ A LA VIDA!

En cierta ocasión, sintiéndome ya mejor de la enfermedad del cuerpo, y mucho mejor de las del alma, acudimos todos juntos al hospital, pues me tocaba revisión. El Oncólogo no se explicaba el porqué de la mejoría tan grande en un lapso de tiempo relativamente corto. Yo me animé a platicarle la forma tan sencilla con la que me ayudaba a curarme. Le hablé de cómo la gota de agua venía desde el cielo y al recorrer todo mi cuerpo me iba purificando, llevándose consigo todas las células malignas. El Doctor se mostró bastante sorprendido y de inmediato me cuestionó acerca de dónde había yo aprendido tal técnica, por supuesto que no mencioné a la voz que claramente podía escuchar en mi mente, porque seguramente me habría mandado de inmediato a que me entrevistara con el Psicólogo. Además no eran únicamente palabras; de hecho, eran también una especie de imágenes impregnadas de emoción, en las cuales podía yo intuir las enseñanzas del Maestro. Después de vacilar por un momento le respondí que lo había leído en un libro entonces él me comentó que últimamente se estaban poniendo "de moda" algunas nuevas técnicas de visualización en las que el enfermo aprende a curarse, imaginando cómo su cuerpo eliminaba la enfermedad mediante varios simbolismos. Al terminar me felicitó por la constancia y seriedad con que estaba haciendo mis ejercicios de visualización. Por mi parte, agradecí en silencio el poder desembarazarme de dar mayores explicaciones.

Entonces, aunque ya lo sabía, confirmé que el Maestro es real, que mi imaginación no me estaba jugando una mala pasada. Nunca dudé de él.

Casi inmediatamente después de que llegamos a casa, una de mis hermanas llegó a visitarnos; iba con su esposo y sus hijos. Los recibimos con gusto, pues siempre habíamos convivido de manera cordial con nuestras respectivas familias. Por otra parte, yo ya había cambiado mucho, lo sabía por mí mismo, pero también por la nueva comunicación que había con mi esposa y mis hijos.

Un detalle muy importante de esta historia es que, en aquellas fechas, mi hermana estaba embarazada; mostraba orgullosamente un vientre aumentado de tamaño, este parecía ser el centro de atención de toda la familia.

Recuerdo muy bien cómo mi esposa le hacía mil preguntas acerca de la evolución del embarazo, mientras mi hermana le respondía feliz con lujo de detalles.

De pronto sucedió. ¡Lo pude escuchar otra vez! El cuerpo de mi hermana, al igual que el de cualquier mujer embarazada, poco a poco iba tomando la forma de una gota de agua. Recordé de nuevo a la gota que lentamente fue venciendo a la roca en mi jardín. De la misma forma, este pequeño bebé iba venciendo poco a poco a la muerte para, al fin, imponerse triunfante y atravesar esa dura roca del no ser, para ser.

Comprendí entonces porqué los bebés nacen así, tan indefensos, tan frágiles, tan sencillos y transparentes… como una gota de agua: ¡para poder vencer a la dura roca de la inexistencia y de la muerte, tienen que ser como una gota de agua!

Creo que si los adultos tuviéramos que nacer de nuevo, seguramente muchos no lo lograrían pues, siendo tan complicados para todo, estarían llenos de miedo e incertidumbre; dudarían de sí mismos, de sus capacidades. ¡Todavía no comprendemos que el paso más difícil que tuvimos que dar para estar aquí, simplemente ya lo dimos! ¡Ya nací! ¡Todo lo demás es fácil! No es posible que, después de haber vencido a la muerte, ahora se tenga miedo de vivir. ¿No es lo más contradictorio? Temer a una situación, tenga el rostro que tenga, no es digno de alguien que ya venció a la muerte, a la inexistencia.

Alguna vez, caminando por la calle, escuché por accidente a una persona, la percibí sumamente alterada; le reclamaba a un guía espiritual la imprudencia de Dios por haberle dado la existencia.

-¡A mí nadie me preguntó si quería nacer! –Chillaba, lleno de ira. Me imaginé que deseaba quitarse la vida o algo así. Confieso que cometí una grave descortesía, pues caminé un poco más lento a propósito, para poder escuchar la respuesta la cual me impresionó por la claridad y verdad con que estaba impregnada.

-Nadie te preguntó si querías nacer porque era y sigue siendo parte de tu naturaleza. ¡Porque tu naturaleza dijo sí! ¡Porque entonces tenías el coraje suficiente para enfrentar al mundo, para reclamar lo que es tuyo por derecho divino y disfrutarlo. Por consiguiente, esa misma naturaleza actuó para que tú vivieras! Si a lo largo del tiempo has decidido convertirte en un cobarde, y sentir lástima por ti mismo, no culpes a Dios.

Ignoro qué fin tuvo la plática, pero creo que la respuesta fue correcta.

Ahora que veo a una mujer tan parecida a una gota de agua, me emociona mucho saber que, dentro de poco tiempo esa hermosa gota va a dar a luz otra pequeña gotita, hermosa, perfecta... llena de vida, en la que los padres sacian su sed y su necesidad de un hijo, de ver en un pequeño al amor que los une.

Poco tiempo después, cuando mi pequeña sobrina nació fuimos a visitarla al hospital; al notarme tan emocionado por la llegada de la nueva integrante de la familia, mi hermana me pidió que la tomara en mis brazos, yo no quería pues sentí temor de lastimarla pero, ante su insistencia, decidí aceptar y confiar más en mí. Era hermosa, era la vida misma, la pureza y la sencillez. Con sus pequeños ojos exploraba a su alrededor, curiosa por saberlo todo. Yo negué tajantemente que alguien, que alguna vez había sido un ser tan perfecto, pudiera concebir en algún punto de su existencia la idea de quitarse la vida.

Si una pequeña gota de agua refleja la luz del sol, esta pequeña gotita, reflejaba la sonrisa de Dios, no tuve la menor duda.

Entonces tuve el deseo de ser como esas pequeñas gotas, que nacen sin miedo ni odios, llenas de sabiduría y amor y deseos de vivir.

¿QUIERES UN CONSEJO? ¡NO TE LO VOY A DAR!

Varios días después del nacimiento de mi sobrina, vino un familiar a visitarnos. Él se había enterado de mi enfermedad por mi cuñado.

Debo aclarar que pocas veces he tenido que soportar una visita tan desagradable y hablo en singular porque creo que mi familia no tuvo que sufrirlo tanto como yo.

-¡Hola, que tal!, ¿Cómo estás? —saludó con un efusivo abrazo que aparentaba un optimismo que estaba muy lejos de sentir realmente.

-Estoy bien - respondí, tratando de disimilar su muy mala actuación.

-¡Hombre, se nota que estás enfermo! Deberías de arreglarte un poco. ¡Te ves fatal! -imprecó. De inmediato me sentí agredido. ¿No había escuchado mi respuesta? Dije estoy bien. Si me encontraba en mi casa recuperándome aun de la radioterapia yo prefería estar en bata o ropa cómoda todo el día. Simplemente estaba descansando, no veía el motivo para arreglarme como si fuera a hacerle una fiesta al cáncer.

-¿Tienes problemas, verdad? —inquirió. Me pareció una verdadera burla. De verdad que yo hacía un esfuerzo mayúsculo para no pedirle que se retirara; traté de ser lo más cortés que pude. Más de lo que él era conmigo.

-Sí -respondí secamente-. Pero creo que los podré resolver todos, incluyendo a la enfermedad.

-¡Qué bien! —respondió-. Pero de cualquier forma te voy a aconsejar que… -y comenzó a darme una verdadera retahíla de "consejos" los cuales por cierto creo que no necesitaba. ¡Además, ni siquiera los había pedido! Me habló de que todo tiene un principio y un fin, un yin y un yáng, de lo maravilloso que debe ser el cielo, y no lo dudo, pero todavía no quería llegar a él. Me dijo que yo "debería hacer" esto y "debería hacer" aquello ordenando más que sugiriendo.

No quisiera entrar en detalles, pues toda la verborrea que tuve que escuchar me pareció un verdadero martirio que no quiero plasmar aquí, pues no merece un espacio en mi escrito.

Después de un buen rato de escuchar cómo se autoproclamaba como un gran maestro espiritual, conocedor de todos los misterios de la vida y de la muerte y poniéndose como ejemplo a seguir, bastante digno de pena por cierto, no pude evitarlo. ¡De verdad que traté de hacerlo hasta el máximo de resistencia, de mi paciencia! Tal vez fue una grave descortesía de mi parte, pero no me arrepiento de haberlo hecho y no sólo no me arrepiento, lo volvería a hacer las veces que fuese necesario. ¡Hice uso de mi derecho a decidir cómo vivir mi vida! Decidí callarlo. Lentamente levanté mi mano derecha como para frenarlo en su pobre discurso, al observar mi gesto me miró un tanto confundido, creo que mi rostro tenía un aspecto de fastidio, lo que logró el maravilloso efecto de hacerle guardar silencio. Pocas veces he apreciado tanto la belleza del silencio. Es realmente hermoso, tan puro y cristalino como el agua; en él, nuestros pensamientos tienen más realidad. En el silencio se puede pensar mejor y se puede ser mejor. Ahora que practico la meditación sé que mi mejor compañía es el silencio. Siempre se tiene la oportunidad de flotar en el ambiente junto con él.

Después de este bello momento, volvió a hablar, lo volvió a romper… como si le estorbara en algo, como si le incomodara o le recordara algo que seguramente quería olvidar.

-¿Te sientes… mal? –preguntó, asumiendo la actitud misericorde de un ser espiritual.

-Sí -le respondí-, guarda silencio ya… por favor -supliqué. Pude notar en su rostro la frustración y la confusión ¿a quién iría a contarle ahora lo bueno y espiritual que era?

-¿Quieres que me retire? – ¡maravillosa pregunta! Me dije. Por un momento la "educación" me sugirió responderle que no, pero… quise ser transparente como una gota de agua la cual no es hipócrita. Además no sabía si iba a vivir mucho o poco tiempo más, así que decidí que, ya fuera que pudiera vivir un minuto más o un siglo más, no quería vivirlo escuchando a un merolico.

-Sí. Retírate por favor -respondí sin dudarlo ya. Entonces hizo lo mejor que pudo haber hecho desde que llegó... se fue.

Quisiera decir que me sentí el peor de los anfitriones o un canalla sin educación, pero no, ¡por el contrario! Me sentí tranquilo y feliz de saber que, desde ese momento, tenía el poder de decir sí cuando era sí y no cuando era no sin preocuparme más que de decir la verdad.

Cuando estaba saliendo de mi habitación y por lo visto de mi vida, pues no ha vuelto a visitarme, por lo que doy gracias, el Maestro habló y yo guardé silencio; el tan amado y deseado silencio, este armonizaba perfectamente con sus palabras de verdadero Maestro.

Cuando uno desea tomar agua, simplemente la sirve en un vaso y toma de ella. Hay veces que el deseo se torna en verdadera necesidad. Cualquiera que haya estado en un lugar caluroso lo podrá confirmar; simplemente la estación de verano con su calor por ejemplo, y no digamos el estar en el desierto.

Me di cuenta de que, por más que tuviera el deseo de tomarla, el agua nunca brincaría del vaso e iría a mi boca obligándome a tomarla. Por más que estuviera en un desierto muriendo de sed y encontrara un oasis, el agua no vendría hacia mí a toda prisa; tendría que ir hasta él para beber el agua y no morir. Traté de imaginar cómo sería el mundo si el agua anduviera tras de quien la necesita.

Comprendí entonces que quien pretende ser agua y llega con sus "consejos" a querer saciar la sed de quien no se los ha pedido, está bastante lejos de ser lo que dice que es.

Aquél que, a la menor oportunidad, avienta un montón de "consejos" y opiniones personales para evidenciar su "elocuencia" y "buena fe" llega a ser por cierto bastante fastidioso para quien le escucha.

Mucho más se aprecia la presencia de quien sabe guardar silencio, que de quien no para de hablar.

Entonces supe que si tuviera sed de un consejo, lo pediría a quien yo crea que me puede ayudar, pero me parece bastante fastidioso tener que escuchar a un impertinente pretendiendo arreglar mi vida.

Desde entonces evito a toda costa el intentar corregir la vida de alguien. Cuando alguna persona me ha llegado a insistir que le dé un consejo, primero le advierto que, después de escucharla, únicamente le daré mi opinión, mi punto de vista pero que sus problemas sólo ella los puede resolver.

No puedo arreglar la vida de otros; con llevar la mía lo mejor posible es suficiente y, a veces, demasiado. Estoy convencido de que si cada uno de nosotros se dedicara a resolver su propia vida en lugar de estar corrigiendo y juzgando la de los demás, seríamos mejores seres humanos.

Entonces, tuve el deseo de ser como el agua, la cual es respetuosa, y llega únicamente a quien la desea y hace un esfuerzo por recibirla.

X

¡NO SEAS AGUA ESTANCADA!

La mejoría en mi salud era cada vez más notoria. Mi semblante había cambiado de un color opaco y gris a uno lleno de brillo y vitalidad. Mi familia me ayudó mucho. Creo que difícilmente hubiera mejorado tanto sin su ayuda.

Incansable continuaba con mis ejercicios mentales, convencido de que eran de crucial importancia para mi recuperación.

En cierta ocasión me encontraba de pie en el jardín de mi casa, era de mañana y admiraba el hermoso colorear del pasto, las plantas y flores por los rayos del sol. Este me saludó con una tibia caricia en mi rostro; lento, sin prisa, como se debe vivir la vida. Algunos cantos de aves venidos de quién sabe dónde, me invitaron a agradecer de nuevo por ser.

Había comenzado una nueva rutina de ejercicios de respiración los cuales realizaba por la mañana, cuando el aire está más impregnado de humedad. Con los ojos cerrados, muy lentamente llenaba de vida mis pulmones, mientras imaginaba que esas pequeñas e invisibles moléculas de agua que respiraba junto con el aire se esparcían en unos segundos por todo mi cuerpo buscando células cancerosas. Al exhalar, imaginaba cómo las mismas moléculas regresaban hasta mis pulmones para salir expulsadas de mi cuerpo llevándose consigo a las células malignas. ¿Cómo aprendí a hacerlo? Guardé silencio y el Maestro habló. Él me enseñó.

Mi rutina era de, al menos, una hora por la mañana y otra por la noche.

Si la enfermedad se había decidido a acabarme yo, infinitamente superior a cualquier enfermedad, me había decidido a acabar antes con ella.

Para entonces estaba convencido de que el cáncer no me vencería. Confié en Dios, en los Doctores y en mí.

Al terminar mi ejercicio me percaté de que en cierta parte del jardín había un pequeño recipiente con agua, seguramente llevaba ya varios días pues se observaba turbia. Curioso la levanté del pasto, debajo este se encontraba amarillento a causa de la falta de sol. Tenía un ligero olor a putrefacción.

Mi primera reacción fue llamar la atención a mis hijos para que tuvieran más cuidado de no dejar recipientes tirados, claro que el factor determinante para que el agua llegara a tal estado, fue el hecho de que por las corrientes del viento, algunos desechos habían ido a parar precisamente ahí. Sin embargo la enseñanza comenzó de nuevo.

El agua, por muy limpia que se encuentre, debe de estar en constante movimiento para no pudrirse. Debe de renovarse a cada momento.

Sí, yo deseaba ser como el agua, pues sus enseñanzas siempre fueron realmente simples y al mismo tiempo profundas, pero comprendí que tenía que estar en constante renovación, como el agua de un río, la cual es siempre cristalina y pura.

¿De qué forma podría renovarme como el agua de un río? ¿Qué podría hacer para ser nuevo a cada momento sin dejar de ser yo? Guardé silencio de nuevo.

La respuesta fue simple. Cuando alguien cree que sabe, entonces ya no acepta nuevas enseñanzas, pues lo rechaza todo como falso. De su falsa creencia de que todo lo sabe pasa a la ignorancia, pues niega todo nuevo conocimiento, de la ignorancia pasa a la soberbia, pues cree que está rodeado de ignorantes.

Por lo tanto, su mente es como el agua estancada y podrida, pues sus pobres conocimientos están estancados, sin renovarse y enturbiándose cada vez más.

Para tener la mente como el agua de un río tenía que aceptar nuevos conocimientos y enseñanzas para desplazar los conocimientos inferiores, los cuales fueron necesarios para llegar a los conocimientos superiores. Una mente abierta nunca huele a podrido, ¡al contrario! Como el agua de un río refleja no una sino cientos, ¡miles de veces la imagen del sol! Así la mente abierta, refleja cientos y miles de veces la luz de la sabiduría; pero cuando algún conocimiento ya no sirve, entonces hay que desplazarlo para que el nuevo ocupe su lugar.

¡No quiero decir con esto que sea válido ser una persona voluble y cambiante a cada momento! ¡No! A lo que me refiero es que, sin dejar de ser yo mismo, a cada momento puedo ser *un mejor yo.*

Por eso tuve el deseo de ser como el agua de los ríos, la cual es nueva a cada instante sin dejar de ser río, sin dejar de ser agua.

XI

¡SOY NIÑO DE NUEVO!

Transcurrían los últimos días de la temporada de lluvias por lo que, cada vez que llovía, abría la puerta principal que da al jardín y, acercándome una silla, solía sentarme bajo un pequeño techado justamente a la entrada de la casa mientras hacía mis ejercicios de respiración pues, aunque ya los había realizado por la mañana, siempre aprovechaba cualquier oportunidad para repetirlos.

Esa tarde fue muy especial. Me encontraba respirando profundamente un aire impregnado de humedad, de vida, de olor a vida, a tierra mojada y fresca; entonces, sentí su mano posarse en mi hombro; la más femenina y suave de todas. Mi esposa se hallaba de pie justo detrás de mí, entonces la tomé y le pedí que se pusiera a mi lado. Ese era y sigue siendo su lugar, a mi lado, no detrás de mí.

La lluvia cantaba una melodía que evocaba el origen de la vida, mientras en un pino que se encontraba en una orilla del jardín, un par de canarios se protegían del agua mientras se procuraban calor el uno al otro esponjando su plumaje para guardar más el calor de sus pequeños cuerpos. De vez en cuando se sacudían algunas gotas, para después rozarse mutuamente sus picos jugueteando. Repentinamente mi hija, que estaba junto a mi esposa, gritó emocionada observando la escena.

-¡Miren, son novios! ¡Se están besando! -mi hijo, más pequeño que ella soltó una andanada de carcajadas por la ocurrencia.

-¿Sí son novios papi? –preguntó, sin dejar de reír.

-Yo creo que sí -le respondí. De inmediato mi esposa apretó mi mano con la suya, la miré a los ojos y suavemente dijo: como nosotros. No respondí, el silencio era más elocuente que cualquier palabra, que cualquier frase; sólo atiné a depositar suavemente un beso en su mano, húmeda por el rocío de la lluvia.

Seguimos así durante un rato; poco a poco la lluvia comenzó a disminuir su intensidad. De pronto mi hijo tuvo una idea maravillosa.

-¿Papi, podemos jugar con la lluvia? -la idea me pareció excelente. Mi niño interno tenía muchas ganas de hacer travesuras ese día, tal vez porque lo había reprimido durante muchos años; prácticamente toda la vida.

-No, porque se podrían enfermar -adelantó mi esposa mientras me miraba esperando que la apoyara en su negativa. Ignoro qué cara puse, porque al notar que yo también quería jugar sólo asintió mientras sonreía con gesto de complicidad.

Me levanté y salí corriendo tan rápido como el incipiente dolor me lo permitió. Mis hijos detrás de mí con saltos y gritos. Creo que fui muy irresponsable porque les sugerí que se quitaran los zapatos junto conmigo, pues tuve el inmenso deseo de sentir la suave y cosquilleante alfombra verde que formaba el pasto y que se tornó un tanto resbalosa con el agua que la impregnaba. Me sentí niño de nuevo, ¡me sentí vivo! Lamenté no haber hecho todo eso muchos años antes. Lo dejé de hacer cuando me convertí en adulto, pero esa tarde descubrí que podía seguir siendo niño sin dejar de ser adulto. Jugaba con mis dos nuevos mejores amigos, y ellos estaban felices de que alguien que en otra ocasión les hubiera prohibido tajantemente tal juego, ahora no sólo se lo permitía, sino que hasta jugaba con ellos.

Más de una vez pude percatarme de que mi esposa nos veía con cierto temor pero, al notar lo felices que estábamos, comenzó a reír divertida por las piruetas que hacíamos corriendo uno tras otro y arrojándonos el agua que se encontraba encharcada en algunos pequeños hoyuelos del jardín.

No aguanté mucho, pues el esfuerzo físico había sido tremendo; acabé de verdad exhausto, sentía que los pulmones me iban a explotar y el dolor de huesos aumentó notablemente pero, a pesar de todo y ante todo me sentí vivo. Sin pensarlo, me dejé caer sobre el pasto, este me recibió con un abrazo como si fuéramos viejos amigos; me consintió y con algunos leves pinchazos en mi espalda me recordó que estaba vivo. Entonces me sentí como el pasto del jardín, pude ver lo que ve el pasto, sentir lo que siente el pasto, vivir como vive el pasto, porque me convertí en una hojita de pasto.

En ese momento pude intuir que no existen seres pequeños, que el tamaño nada tiene que ver con la grandeza de los seres que habitamos este universo.

¿Para qué quejarme del dolor y del cansancio? Pude sentir cómo mi maravilloso cuerpo, poco a poco iba regulando sus funciones. Mi corazón normalizó su ritmo y mis músculos dejaron de urgirme oxígeno. Respiré más tranquilo y por un momento, fui parte del jardín. Cerré mis ojos y dejé que las últimas gotas de lluvia me hicieran crecer como hacen crecer al pasto y a las plantas. Sentí cómo al chocar con mi cuerpo, especialmente mi rostro, me traían un mensaje del cielo, el mensaje decía: ESTÁS VIVO.

Después se desvanecían y corrían juguetonas por mi piel, llenándome de frescura.

Mis hijos celebraron mi ocurrencia y me imitaron tirándose ambos en el pasto; entonces, al guardar silencio, pude oír claramente el canto de la lluvia que evoca a la vida y agradecí que la naturaleza no nos guarde rencor por todo el daño que le hemos hecho; al contrario, descubrí que al agua le encanta jugar con los niños, como mis hijos... como yo. Fue algo realmente inolvidable.

Por la noche comencé a sentir dolor en mis articulaciones y escalofrío en todo el cuerpo, los cuales fueron en aumento poco a poco.

Por la expresión de mi esposa al teléfono, creo que el Doctor estaba preocupado, pues lo llamó para preguntarle qué debía tomar para el dolor y la fiebre. Yo le había pedido que no lo hiciera, pues sabía que me había enfermado a causa de mi irresponsabilidad, pero ella había insistido.

Afortunadamente el medicamento que me recetó lo teníamos en el botiquín pues era un antigripal común, claro con la indicación de que si no mejoraba me llevara a consulta.

Mis hijos se encontraban perfectamente de salud pese a que se habían mojado tanto como yo y eso era fácil de comprender, pues mi sistema inmunológico estaba ocupado las veinticuatro horas del día defendiéndome del cáncer; un simple resfriado no tenía mayor importancia así que, a pesar de cómo me sentía, agradecí que mi sistema inmunológico actuara de una forma tan inteligente y perfecta y lo bendije.

Inmediatamente después de tomar el medicamento, me arropé y me acosté. Las maravillosas manos de mi esposa desplegaron todo su poder curativo al frotar un poco de alcohol en mis pies. Lo que hizo después me dio una gran enseñanza.

Al notar la temperatura tan alta que tenía, tomó un pedazo de tela de algodón y lo mojó con un poco de agua limpia; después de exprimirlo me lo colocó en la frente. Yo pude sentir un alivio casi inmediato del dolor de cabeza y la fiebre. Entonces pude evocar un sin fin de imágenes, las cuales me mostraban cómo la mejor medicina, en muchos casos, es el agua.

Invariablemente, cuando alguien se siente mal, lo primero que se le ofrece es agua. Y no ignoraba que más de una vez el médico me había recomendado tomar más agua.

Es cierto que, a causa del contacto con el agua y el pasto mojado, yo había enfermado; sin embargo, si simplemente me hubiera dado un baño caliente después de jugar no me hubiera ocurrido nada. No lo hice porque mi esposa les ordenó a mis hijos que ellos lo hicieran de inmediato; yo me quedé platicando con ella hasta bastante rato después de que la regadera se desocupó.

Pero no me arrepiento de haber jugado con mis hijos y con la lluvia. No digo bajo la lluvia, digo con la lluvia, es decir, ella jugaba también con nosotros. Pese a cómo me sentí juré que lo volvería a hacer, y de hecho lo sigo haciendo.

Mucho menos me arrepiento de no haberme duchado lo más rápido posible, pues mi esposa y yo platicamos largo rato sobre varios temas, todos ellos concernientes a nosotros dos como pareja. Me confesó su gran admiración por mí, pues le estaba ganando a todas luces a la enfermedad. Sobra decir que me sentí muy halagado. Tuve miedo de que una mujer tan bella e inteligente quedara viuda, me sentí celoso de un futuro posible, pero ella me tranquilizó, tal futuro no llegaría nunca; es decir, llegaría pero de otra forma, de una forma en la que todos estuviéramos presentes, incluyéndome a mí.

Cuando retiró por tercera vez la tela para humedecerla, de nuevo pude escuchar al Maestro. Guardé silencio mientras, la mejor combinación medicinal me curaba, el amor de mi esposa y el agua.

El agua puede enfermar a alguien cuando no se le usa adecuadamente, como fue mi caso. Puede dañar casas si hay fugas o, en caso de lluvias, inundar ciudades enteras. Sin embargo, esa misma agua era ahora la que me estaba curando, la misma que en cualquier desastre es solicitada para mantener con vida a los afectados.

Comprendí que el agua, aunque no es culpable de los problemas que pudiera ocasionar, asume su responsabilidad y está presente para curar, para resarcir un daño que, por culpa de otros, ha hecho.

Comprendí también que, mientras se consigue algún medicamento, el agua es la primer medicina, admiré su vocación no sólo de servicio y de procurar vida, sino hasta de sanar.

Entonces tuve el deseo de ser como el agua, que procura vida y además salud para todos. Que es responsable de sus actos y corrige sus errores.

XII

LA JOYA MÁS VALIOSA

En otra ocasión había aceptado la invitación de mi esposa para salir a comer así que fuimos a un centro comercial en el que había varios restaurantes de comida rápida.

Para entonces ya podía salir con cierta frecuencia sin grandes problemas; la única recomendación del Médico era que no me cansara mucho.

Decidimos llegar temprano para poder ver los escaparates de ropa y algunas otras cosas como juguetes y novedades.

En una joyería se exhibía una gran diversidad de artículos de oro, plata, diamantes, perlas, etc. Debo confesar que no soy conocedor de este tema pero la curiosidad me llevó a preguntar a una de las vendedoras por el nombre de cada piedra preciosa que veía.

Mientras tanto, mi esposa observaba maravillada un diamante montado en un anillo de compromiso, el cual, por su pureza y tamaño tenía un precio realmente grande, mucho más grande que el mismo diamante. Dada la situación económica por la que atravesábamos me fue imposible regalárselo. Me hubiera gustado hacerlo, pues alguna vez se había quejado conmigo de que nunca le había dado anillo de compromiso; claro que no lo hizo como reclamo, sino en broma mientras me pedía que le colocara en el dedo la etiqueta anular de un puro que me había regalado un amigo.

Me sentí un tanto incómodo, pues sabía que en otra situación económica y con mi nueva forma de pensar, se lo habría comprado sin pensarlo mucho y se lo daría después de una cena romántica, pues ella nunca aceptaría que se lo obsequiara después de ver el precio.

-Con ese dinero podemos arreglar esto o aquello. -solía argumentar cuando yo quería comprar "cosas innecesarias".

Después de salir de la joyería estuvimos viendo más cosas, pero el detalle del diamante no se me olvidó.

Ella insistió en pagar la comida pues nos había invitado a celebrar mi proceso de recuperación. Me di cuenta de que mi esposa tenía y sigue teniendo un corazón increíblemente generoso… y también lleno de amor.

No habíamos ido a comer a un restaurante lujoso comidas exóticas y vinos caros, no. En lo personal me gusta mucho la comida china, y eso fue lo que comí junto con mi esposa, mis hijos optaron por las hamburguesas.

No es que estuviéramos al borde de la miseria. Nunca lo estuvimos, pero tampoco podíamos gastar en lujos, al menos no mientras yo continuara sin laborar.

Las enseñanzas las da el Maestro y puede tomar diferentes aspectos; ese día, de mi esposa admiré la generosidad, de mis hijos la sencillez.

Comprendí que la comida es más rica cuando sólo es un pretexto para estar con quien se ama, eso le da una mejor sazón.

Al volver a casa me sentí un poco cansado pero feliz. Hacía calor, por lo que fui a la cocina para servirme un vaso con agua, decidí ponerle algunos hielos. Después de preguntar a mi esposa si quería, llegué con ambos vasos a la sala, pues decidimos ver el televisor un rato. Mis hijos nos acompañaban mientras jugaban un juego de mesa.

-¡Salud! -brindó mi esposa, mientras levantaba su vaso con agua sonriendo coqueta.

-¡Salud! –respondí, imitando el gesto. Acto seguido ambos bebimos el agua, fresca, cristalina y llena de vida.

A causa de la temperatura fría de los vasos, poco a poco se formaron incontables gotitas de rocío en su parte externa, las observé, embelesado por su belleza sublime pero de vida efímera. Cada una de ellas era irrepetible, única y de transparente pureza.

Todas ellas reflejaban bellamente la luz, y daba la impresión de que estaban vivas, pues un ligero temblor se adueñaba de ellas precisamente antes de salir corriendo juguetonas una tras otra hacia abajo.

Tomé con el índice infinidad de gotitas y se formó una gota que amenazaba con caer en cualquier momento, lentamente la levanté hasta que quedó a la altura del rostro de mi esposa, ella admiró la belleza de la gota, trémula, hermosa… tímida.

-¡Qué hermoso diamante! -exclamó emocionada. Pude ver en su rostro la fascinación que el espectáculo le inspiraba. Ella tenía razón, esa gota de agua era tan bella como el diamante de la joyería… o tal vez más, pues era nuestro diamante de agua, impregnado de lo que ningún diamante o cualquier otra joya podrían tener jamás por sí mismos: nuestro amor.

Sin decir nada acercó su mano, suave, femenina…

-¿Y bien? -preguntó mirándome fijamente a los ojos, con una sonrisa traviesa y coqueta. Adiviné su intensión y, con sumo cuidado, coloqué la gota de agua en uno de sus dedos y esta se enamoró de inmediato de su piel. Se prendió de ella, como lo estoy yo desde que la conocí.

-¿Quieres casarte conmigo? -le seguí el juego puesto de rodillas-. Mira que este diamante me costó muy caro y si no aceptas… -ella me hizo callar poniendo su mano en mi boca; acto seguido se acercó lentamente y nos dimos el beso más apasionado que jamás nos habíamos dado.

-Sí -respondió después del beso, sin dejar de mirarme-. Sí quiero ser tu esposa. Y escúchame bien —me miró fijamente a los ojos con la mirada más tierna y romántica que jamás había visto-, este es el regalo más bello que me has hecho. Gracias por mi diamante, por mi anillo de compromiso -yo me sentí un poco turbado, pero al notarlo ella continuó-. La joya más valiosa, la más hermosa que me puedes regalar, es tu amor y yo sé que esta gota de agua está impregnada de tu amor.

-¿Cuál gota? -pregunté, pues la gota de agua ya se había caído de su dedo.

-No importa —sonrió-, donde esté es mía… como tu amor.

Nos dimos un romántico beso de nuevo mientras las risillas traviesas de nuestros hijos se escuchaban discretas.

Su voz sonó de nuevo, la pude oír no con mis oídos sino con mi mente, con mi alma.

Entonces comprendí que el verdadero valor de una cosa no está en el material del que está hecho, sino del que les damos. Si en este momento pudiera elegir entre la gota de agua y el diamante me quedaría con la gota, pues quedó impregnada de nuestro amor y este tiene un valor infinitamente más grande que todos los diamantes del mundo.

Por eso tuve el deseo de ser como esa gota de agua, la cual vale no por su tamaño o sus elementos, sino por el inmenso amor que puede contener en sí.

XIII

DUELO POR UN AMIGO EN LA FAMILIA

No he mencionado aún que mi hija tenía por ese entonces una pecera, en ella vivía un bonito ejemplar beta, este era de color rojizo, pero cambiaba gradualmente de tonalidad; de pronto un poco más opaco, de pronto un poco más brillante, pero siempre muy bonito. Mi hija le había puesto por nombre "Plumitas", pues parecía que las aletas estaban hechas de plumas. Desde que enfermé solía sentarme frente a la pecera junto con mi hija para admirar cómo el pez nos presumía su belleza, y agilidad. Era en verdad muy presumido pues cuando se sabía observado hacía hermosos movimientos, como los de una bailarina vestida con su ropa de gala.

Me gustaba mucho observar a mi hija comunicarse con su mascota, pues le hablaba como si el pez realmente le entendiera y más de una vez casi pude jurar que así era. Ya tiene hambre, me decía mi hija, cuando observaba al pez realizar cierto movimiento; tiene frío, decía en otro momento, y de inmediato le encendía el calentador y así, la comunicación entre mi hija y el pez era maravillosa. Casi sentí celos.

Debo confesar que yo también me llegué a encariñar con él. Tan así era que, me sorprendí cuando yo mismo podía intuir si tenía hambre, frío o si ya quería que le cambiara el agua.

En cierta ocasión, en un centro comercial, pasamos por una tienda de mascotas, a instancias de mis hijos entramos para ver a los animales que se exhibían.

En el área de peces vimos a un raro ejemplar, este tenía colores muy llamativos. Era muy hermoso. Mi hija se entusiasmó con la idea de llevarlo a casa para que fuera amigo de "Plumitas". Después de preguntar a uno de los encargados si por su naturaleza podía convivir con un pez beta, él nos respondió que sí, que el pez beta sólo pelea con otro beta, pero si es un pez diferente a él, no habría ningún problema.

Nos lo llevamos. Mi hija iba feliz haciendo mil conjeturas acerca de lo contento que se pondría "Plumitas" si llevábamos a otro pez con él.

-Seguramente se va a poner feliz de tener con quién jugar —anticipaba muy contenta de poder hacer tan maravilloso obsequio a su amigo.

Con sumo cuidado lo colocó en la pecera. Inmediatamente la reacción de "Plumitas" fue nadar hacia el extremo contrario, en cambio el nuevo pez nadó por toda la pecera muy seguro de sí mismo. Mi hija, como buena anfitriona, presentó a ambos peces. Le prometió a "Plumitas" que no lo iba a dejar de querer nunca, aunque llegaran mil nuevos peces, que se acercara a su nuevo amigo para que lo conociera; sin embargo, se mantuvo todo el tiempo bastante alejado.

El siguiente día fue muy doloroso para toda la familia.

Mi esposa y yo nos encontrábamos en la cocina, era lunes. De pronto un grito desgarrador nos hizo saltar, salimos lo más pronto posible y corrimos a averiguar de dónde provenía... fue terrible. Al levantarse mi hija para desayunar e irse a la escuela, tuvo la idea de ir a saludar a sus mascotas, pero lo que vio la llenó de dolor. Fue una desagradable sorpresa. "Plumitas" estaba muerto. Flotaba en la superficie de la pecera sin realizar movimiento alguno, inerte y sin brillo; sus hermosas aletas, las cuales habían inspirado su nombre, estaban destrozadas a un grado tal que casi no existían. En ese momento llegó también mi hijo, quien observaba la escena en silencio y con gesto de incredulidad.

Todos nos quedamos tan impresionados que nadie atinaba a decir nada pues seguramente el pez había sufrido mucho antes de morir. Mi hija observaba la escena con un grito ahogado, las lágrimas corrían interminables por sus mejillas así que me incliné, lentamente la abracé y apoyé su pequeño rostro en mi hombro, entonces ya no pudo contenerse más y comenzó a llorar abiertamente. Mi hijo también lloraba, pero no sólo por el pez, sino también por ver a su hermana sufriendo de esa forma. Al voltear a ver a mi esposa, me di cuenta de que ella también sollozaba en silencio, entonces ya no lo quise evitar por más tiempo. No quería llorar para transmitirle fortaleza a mi hija pero tenía yo también la necesidad de hacerlo, me dolía ver muerto a "Plumitas" pero mucho más me dolía el ver a mi hija así.

Lloramos todos juntos pues, aunque yo no lo había pensado antes, ese pez ya era parte de la familia. Ahí, en esas paredes de vidrio, sin exigir más que un poco de alimento era mucho más que un simple adorno; también fue testigo mudo de infinidad de acontecimientos, sobre todo, y de eso estoy seguro, hubo un momento antes de mi cambio en el que él conocía a mi hija más que yo mismo. En silencio le agradecí por haber sido el amigo de mi hija... y mío también. Ojalá Dios haya creado un cielo para las mascotas buenas, pensé, porque si así era, seguramente "Plumitas" tenía un lugar privilegiado en él.

Entonces, tomando la carita de mi hija entre mis manos, pude sentir la humedad de sus hermosas lágrimas, prueba infalible de la existencia de un gran corazón limpio que sabe amar.

-Ya está en el cielo, hija -le dije para tratar de tranquilizarla.

-¿Sí? –preguntó-. ¿"Plumitas" se fue al cielo de los pececitos?

-Estoy seguro que sí, hija. Él está feliz en el cielo de los peces y si tú eres su amiga, entonces te alegras por él. Ya no llores –supliqué, tratando de contener más lágrimas.

-¡Pero mira cómo está su cuerpecito! -lo señaló, mientras comenzaba a llorar de nuevo-. Ya no va a poder nadar en el cielo ¡ya no tiene sus alitas!

-No te preocupes –respondí-. En el cielo todos los animalitos son mucho más bellos y plenos que aquí. Lo que tú ves es sólo su cuerpecito, pero en el cielo está nadando tan bonito o más que aquí -finalicé lo mejor que pude, esperando que ella se sintiera al menos un poco consolada.

Entonces mi hijo dijo algo que la ayudó mucho.

-¡Seguramente les está presumiendo sus plumitas a los demás pescaditos del cielo!

-¿Crees que lo esté haciendo? –inquirió, mirándome fijamente con sus ojos tristes y enrojecidos.

-¡Claro! -respondí, tratando de ser convincente-. Apuesto que en este momento les está platicando a todos los pececitos del cielo cuánto te quiere

-¿Tú crees? -me miró a los ojos esperando la respuesta.

-¡Sí! -se adelantó mi hijo-. Y también les está diciendo cuánto me quiere a mí, ¿verdad papi?

-Estoy seguro de que así es –respondí. Entonces mi hija se mostró visiblemente más tranquila.

Supe que es bonito reír juntos como familia, pero supe también que el llorar juntos crea un lazo de unión increíble. Quien ha llorado junto con su familia conoce de verdad a sus integrantes. Comprar una sonrisa con un regalo es fácil. Pero estar ahí, cuando se necesita el apoyo y el consuelo requiere no de dinero, exige amor.

-¿Por qué se murió "Plumitas", papi? -preguntó mi hijo. Nos había impresionado tanto su muerte, que nos olvidamos del nuevo huésped de la pecera, este se encontraba en el fondo, mirándonos muy quieto, como si supiera lo que había hecho, como si estuviera arrepentido.

-No lo sé hijo. Pero... creo que el nuevo pez lo mató.

-¡Pez malo! -gritó mi hija, estaba realmente enfurecida-. ¡Te voy a sacar para que te mueras! –Amenazó, sin embargo el pez sólo la observaba, estaba claro que con él no tenía la comunicación que había tenido con "Plumitas". Echó a llorar de nuevo, mi hijo no podía creer lo que había escuchado. Angustiado se acercó a mí.

-Papi, ¿lo va a matar? -no respondí, con un gesto le señalé a su hermana quien no supo qué contestar; confundida me miró llena de angustia esperando una respuesta.

-El pez no es malo -les dije -. Es sólo que está obedeciendo a su naturaleza. Tal vez se sintió amenazado por "Plumitas" y peleó con él, tal vez pelearon por el territorio. No lo sé. Lo único que les puedo decir es que el pez no es malo. Seguramente en este momento está muy confundido y temeroso. Tomen en cuenta que este lugar es totalmente desconocido para él -aduje. Ambos me observaron tratando de asimilar lo que les había explicado, tratando de comprender el actuar del pez.

-¿Entonces… ya no lo vas a matar? -interrogó suplicante mi hijo a su hermana, esta negó con la cabeza, mientras miraba al asustado pez.

-No —dijo-, no te voy a hacer nada. Perdóname por lo que te dije. Ya entendí que no eres malo -al escucharla, me sentí más tranquilo. Mi esposa observaba la escena, la miré a los ojos y con una ligera sonrisa asintió como para decirme que había hecho lo correcto. Pude entonces, en un detalle aparentemente tan pequeño, intuir el daño que hace la muerte a las familias cuando uno de sus integrantes se va. Me prometí con todas mis fuerzas que yo no me dejaría vencer nunca por el cáncer, que presentaría la más fiera lucha, la cual duraría hasta el último suspiro del cáncer o… mío.

No quería ni imaginar el daño que podría causarles si moría.

Después de esta triste escena observé a mi hija, estaba angustiada por la apremiante hora pues se hacía tarde para llegar a la escuela, sin embargo no se quería separar de "Plumitas" así que tomé una decisión; no tenía caso que fuera en tal estado emocional así que, mirándola fijamente a los ojos, le dije que se tranquilizara, que todos comprenderíamos si no quería ir a la escuela, entonces ella me correspondió con una mirada de agradecimiento.

-¿Deseas hacer algo? -pregunté.

-¿Quieres que lo sepultemos en el jardín? - sugirió mi esposa. Sin decir nada mi hija asintió-. Bueno, ¿en dónde lo vamos a poner?

-Tengo una cajita —respondió-, ahí cabe -sin decir más subió a su recámara y al poco rato bajó con una pequeña caja de madera finamente tallada que la madre de mi esposa le había regalado para que jugara y que alguna vez sirvió para exhibir un fino reloj. Sin duda era una cajita afortunada, pues ahora guardaría algo mucho más valioso, al menos para nosotros y más aún para mi hija.

En el jardín, junto al pino hice un pequeño agujero, luego mi hija depositó con sumo cuidado la cajita con su precioso contenido, al hacerlo no pudo evitar llorar otra vez. En ese momento el Maestro habló de nuevo.

Supe que las lágrimas lloradas por amor son la expresión más sublime de quien ama. El que no llora se niega el derecho de ser, se niega el derecho de expresar sus emociones y por lo tanto, de aceptarlas. Por eso quien no llora generalmente es un ser amargado y solo... como yo lo era años antes de todos estos sucesos.

Pude ver cómo, en silencio, corrían las lágrimas por las mejillas de mi hija.

Al caer en el pasto una de ellas, me di cuenta que prácticamente no había diferencia entre una gota de agua y una lágrima; de hecho una lágrima prácticamente es agua. Me sorprendí de que el agua, tan noble y pura estuviera en tantos momentos de nuestra vida y tan es así que, cuando estamos tristes, ella se hace presente, como para consolarnos; porque cuando lloramos no podemos hablar, entonces nuestras lágrimas hablan por nosotros. Ellas, en silencio comunican a los demás cómo nos sentimos.

Cuando estamos tristes, a veces decidimos estar solos, pero siempre contamos con la compañía del agua, la que se manifiesta como lágrimas, y nos consuela hasta que nos sentimos mejor.

Entonces quise ser como el agua, que nos acompaña en los momentos más difíciles de nuestra vida, consolándonos en silencio, como el mejor de los amigos.

XIV

LOS PROBLEMAS SON MIS ALIADOS

Cierto tiempo después del incidente de "Plumitas" nos encontrábamos reunidos en la sala, mi hija tenía que hacer un trabajo escolar acerca del agua, por lo que decidimos rentar un documental en Blu Ray. En una parte se mostraban las características más importantes de los principales ríos del mundo.

En unas hermosas imágenes de uno de los ríos vimos cómo el agua rodea una montaña para después retomar su cauce sin ningún problema. Este río en especial está lleno de vida pues diversas especies, tanto de peces como de otros animales y plantas, dependen de él.

Algo que me pareció muy interesante fue cuando el narrador mencionó que el hecho de que el río rodeara a la montaña lo enriquece abundantemente, pues por una parte los animales que ahí viven, los cuales hacen de esta su hábitat natural, se ven sumamente beneficiados por su paso; por otra parte esta montaña cuenta, precisamente por el lado donde la rodea el río, con ricos yacimientos de oro, pero al mismo tiempo es de un acceso casi imposible por la geografía que le rodea, de tal manera que no hay modo de ir directamente a sacar el oro con maquinaria, por lo que los pobladores de las comunidades asentadas a lo largo del río se ven beneficiados por la corriente, pues literalmente lleva el oro hasta ellos. En esa cultura se prohíbe dañar a su bienhechor, así que todas las personas tienen permiso de buscar oro en el río, pero nadie puede dañarlo, por ejemplo escarbando profundamente para buscar algunas pepitas que se hubieran quedado enterradas.

Me sentí lleno de orgullo de que en algunos lugares de nuestro planeta todavía se respeta a la naturaleza, la que ha sido más que pródiga con nuestra especie.

Después de que terminó el documental, comentamos lo maravillosa que es el agua. Mientras tanto, yo analizaba las imágenes que habíamos visto.

El agua es muy sabia pues, en la naturaleza rara vez corre en línea recta y, cuando encuentra un obstáculo a su paso ¡simplemente lo rodea! Pero no molesta a ningún otro ser; al contrario, como en este caso, al rodear a la montaña esta se ve grandemente beneficiada, pues, toda ella rebosa de vida.

Sin duda la montaña adquirió fama de ser bondadosa gracias al río que la rodea, que le da vida; en correspondencia enriquece al río, este adquirió un carácter sagrado, pues la gente lo ama por llevar hasta ellos alimento y riquezas. Fue hermoso poder observarlos desde el aire, por lo menos en el televisor, pues el documental incluye varias tomas aéreas.

Aun sin oro y sin tanta vida silvestre, ambos se hubieran visto hermosos.

El Maestro habló de nuevo y lo pude escuchar claramente… cada vez más claramente.

Admiré al agua que llega adonde quiere llegar sin molestar a nadie; si un obstáculo se le presenta simplemente lo rodea, no lo ignora, pues si lo ignorara, entonces continuaría de frente y con el paso de los años habría partido la hermosa montaña en dos; entonces no podría haber tanta vida en ella, pues su tamaño se hubiera visto disminuido gravemente. De hecho, ni siquiera sería una montaña, entonces el río no tendría toda la riqueza del oro, pues este no se encontraba al centro de la montaña sino en la ladera.

De la misma forma nosotros, al encontrarnos frente a un obstáculo tan grande como una montaña, lo mejor es rodearlo, no ignorarlo y seguir de frente pues eso acarrearía resultados nefastos. Al rodear al obstáculo, cualquiera diría que se pierde tiempo y energía, pero bien vale la pena por la experiencia que se adquiere, la cual tiene que redituar riqueza, como el oro del río. También se obtiene el reconocimiento de las personas amadas, como la gente de los pueblos junto al río, además el problema se puede convertir en una fuente inapreciable de experiencia de vida, como la vida abundante en la montaña.

De tal forma convierto al problema en mi aliado y de una forma u otra me enriquecerá abundantemente.

Quiero decir *rodear*, analizar y actuar para sacar provecho, no evadir.

Entonces tuve el deseo de ser como el agua de un río que, usando su sabiduría y sencillez, convierte a los obstáculos en aliados sin contrariar a nadie y se enriquece con ellos de muchas formas.

XV

PARA LLEGAR ARRIBA, ESTAR POR DEBAJO

¡Todo iba de maravilla! La enfermedad agonizaba, y con su muerte yo iba a vivir más plenamente.

El Oncólogo insistió en que yo compartiera mi experiencia con otros enfermos de cáncer lo que me pareció muy bueno, pero creí que era demasiado pronto para adquirir el compromiso; antes tenía que vencer por completo a la enfermedad.

Lo que él quería era que yo les enseñara cómo visualizar el proceso curativo de su propio cuerpo; que les explicara lo importante que es la tenacidad, la constancia, pero más importante aún, al menos para mí, era el cambio en el tren de emociones. Un cambio radical de actitud ante la vida y las personas comenzando por quienes amamos pero, ante todo, un cambio de actitud hacia uno mismo.

Por otra parte, no tenía experiencia en la exposición de ningún tema ante grupos de personas y mucho menos con grupos de enfermos de cáncer.

Durante el trayecto de regreso a casa, mi esposa me persuadía de que aceptara la invitación del Doctor. Mi primer argumento para no aceptar era que en el hospital ellos tenían, o al menos eso se supone, a un equipo de gente mucho más preparada que yo para dar ese tipo de charlas.

-Sí, pero no creo que alguno de ellos haya tenido cáncer y lo haya vencido, como tú –adujo, dando por sentado que yo ya había vencido al cáncer.

Le prometí que lo pensaría pero, desde ese momento, ya sabía que iba a aceptar pues sabía también que el compartir mi experiencia iba a ser muy enriquecedor, tanto para los enfermos como para mí.

Esa noche meditaba más profundamente acerca de la invitación para compartir mi experiencia. Mientras tanto, mi esposa estaba profundamente dormida con la tranquilidad con que duerme una mujer que ama y se sabe amada, como un bebé, sin sobresaltos ni inquietudes. Ella, en su bondad y generosidad, me había pedido que ayudara a personas que ni siquiera conoce, me enseñó que para hacer el bien a alguien no hace falta conocerle. Intuí que, de alguna manera, todos nos parecemos a Dios y por lo tanto nos conocemos. Con estos pensamientos me quedé profundamente dormido.

Esa noche tuve un sueño muy peculiar. Siendo yo una gota de agua en un río, me sentía atraído por una enorme fuerza, era tan grande que no había forma de resistirse. Todas las miles de millones de gotas de agua que formábamos el río estábamos en la misma situación y al mismo tiempo que éramos gotas, éramos también río. Íbamos en una gran fiesta, alegres y rebosantes de vida pues sabíamos que, al llegar al lugar que nos atraía, seríamos plenamente felices. A nuestro paso procurábamos la vida a infinidad de seres los cuales nos agradecían por hacerlo.

De pronto llegamos ¡el objeto de nuestro amor estaba a nuestra vista! así que, en un grito de gozo, entramos todas las gotas al lugar más hermoso que puede llegar el agua: el mar.

Me sentí pleno, feliz, radiante de vida y brillo. El saberme parte de un ser tan inmensamente grande y bondadoso me llenó de orgullo.

Entonces, el Maestro habló, esta vez lo hizo en mi sueño.

La belleza del mar reside en su tamaño y, gracias a esto, puede albergar dentro de sí a innumerables especies de seres vivos; tal vez más de las que conocemos en la tierra. ¿Cuál era la magia del mar para atraer a los ríos hacia él? ¿Cuál su secreto para ser tan grande? ¿Por qué prácticamente todas las personas nos sentimos atraídos hacia él de una forma casi irresistible? ¿Por qué nos sorprendemos cuando alguien confiesa que no conoce el mar como si conocerlo fuera algo obligado?

Las respuestas a todas estas preguntas son fáciles. El mar, al estar por debajo del nivel de los ríos, ya sean grandes o pequeños, se hace irresistible para ellos, pues los cauces siempre tienden a ir hacia abajo y en lo más bajo se encuentra el mar. De esta forma, el mismo mar se fortalece y crece, y puede formar grandes nubes con la ayuda del sol para procurar vida.

Comprendí que si me mantengo debajo, no en un sentido de auto humillación, sino en un sentido de servicio, sin preocuparme por las apariencias externas, entonces podría atraer hacia mí a muchos ríos, los cuales me ayudarían a crecer como el mar. Esos hermosos ríos que me ayudarían a crecer, al menos en ese momento, eran todos los enfermos de cáncer, quienes se sentirían atraídos por mí, dada mi experiencia en la lucha contra la enfermedad. Y siempre lo fue y lo ha sido mi familia; cada uno con su propio río.

De esa forma, al enriquecerme con tal experiencia, podría ser un *mejor yo* y podría servir mejor a todos aquellos que creyeran que los podría ayudar.

No haría nada extraordinario, sólo les daría mi testimonio de cómo aprendí a amarme y a amar.

Por otra parte, admiraba mucho al mar, pues hasta los enfermos del corazón y de incontables enfermedades se sienten mucho mejor estando cerca de él.

Entonces, tuve el deseo de ser como el mar el cual, en virtud de su humildad y mantenerse por debajo, atrae hacia sí a innumerables ríos, los cuales le ayudan a crecer y ser mejor.

XVI

¡YO SOY AGUA!

En otra ocasión, al estar con mi hija ayudándole a estudiar algunos temas sobre anatomía, me sorprendí de algo que sabía ya desde hace muchos años, pero que, en virtud del poco interés que tenía en ese entonces por el tema, casi había olvidado. En su libro de anatomía, pude ver dibujado el contorno del cuerpo humano, estaba lleno de agua en tres de cuatro partes. Fue realmente agradable el saberlo, o más bien recordarlo. Ahora sabía yo porqué dependemos tanto del agua, siendo el elemento que más abunda en nuestro propio cuerpo, es más que lógico que así fuera. Me imaginé a Dios creando literalmente infinidad de hermosas gotitas de agua, las cuales son los bebés que nacen todos los días.

Mi hija, al notar mi interés por el tema, rápidamente sacó su libro de ciencias y me mostró una foto de nuestro planeta tierra.

Creo que me veía como un niño, maravillado por la hermosura de nuestro planeta.

En la información que había junto a la foto pude leer que su superficie, al igual que el ser humano, está cubierta en tres cuartas partes por agua, de tal manera que, visto desde el universo, parece una gran gota de agua la cual flota, suspendida en el espacio. Comprendí que así como un hijo se parece a sus padres, también nosotros nos parecemos a la tierra la cual, como una madre, nos alimenta.

Consideré que el nombre más apropiado para nuestro planeta es "agua" no "tierra", pues es el agua el elemento que más predomina en nuestras vidas, dentro y fuera de nuestro cuerpo y es el elemento que más belleza le da a nuestro planeta visto desde el espacio. No quisiera ni imaginar lo gris y opaco que se vería si no tuviera el agua que tiene. De hecho, yo no existiría para verlo, pues sin agua no hay vida.

Por otra parte, también leí la composición del agua H2O, dos moléculas de hidrógeno y una de oxígeno, tres en total; como tres son los componentes del ser humano: cuerpo, mente y alma. Me sentí orgulloso de parecerme también en eso al agua.

Al meditar un poco sobre esto, agradecí a Dios el habernos hecho de tal forma, con tanta sabiduría que, al estar formados en mayor parte por agua, en mucho deberíamos parecernos a Él y también a ella, con su pureza y transparencia... su composición.

Lo confieso abiertamente, y a estas alturas tal vez ya no sea necesario aclarar cuánto amo y respeto al agua, pues de ella he aprendido mucho.

El haber meditado en cada una de sus enseñanzas me ha hecho tanto bien que, inclusive, he vivido más gracias a ello.

¿Qué enseñanza puedo tener de este conocimiento? Me atreví a preguntar al Maestro, pues sentí una verdadera necesidad de escucharlo, de saber en qué forma me ayudaría a ser mejor el saber que la mayor parte de mí es agua; al saber que la mayor parte de la superficie del planeta es agua también.

Entonces habló, yo guardé silencio y lo pude escuchar.

Comprendí que el agua es mi elemento, más que otro en el universo, pues yo soy agua, y si lo soy en el cuerpo, seguramente lo soy más en la mente pues, ciertamente, el agua tiende más a ser incorpórea, como los pensamientos. Basta simplemente con querer contenerla en una mano; muy rápido se irá por más que se le hubiera querido retener.

Por eso le di mucha importancia a todos los detalles que impregnaban mi vida con el agua, pues en cada uno de ellos podía yo encontrar grandes enseñanzas.

Ahora respeto mucho más al agua y procuro que no se le desperdicie. Cualquier fuga, por mínima que sea, tiene que ser reparada de inmediato. La amo tanto que la considero parte de la herencia de mis hijos, y de los hijos de mis hijos.

Tal vez por eso ahora me siento más lleno de vida, pues tengo conciencia de que la mayor parte de mí, simplemente… es agua, soy agua.

Entonces, tuve el deseo de ser como el agua, que llena de vida a incontables seres, entre ellos el planeta mismo… ¡yo mismo! Y está presente en todas sus etapas de evolución, pues si no estuviera el agua en mi planeta, tampoco estaría yo.

XVII

GOTA DEL MAR

Es inevitable tomar conciencia de todas estas cosas y no tomar conciencia de Dios.

¿Cuánto me amas Padre Dios que, entre todos los bellos regalos que me has hecho, me diste también el agua?

Al ir un poco más allá en mis reflexiones, no puedo dejar de mencionar algo que me sorprendió muchísimo. De hecho fueron varias cosas. Mencionaré sólo unas cuantas.

Alguna vez leí una frase salida de los labios de Jesucristo que creo que dice: "Yo soy el agua viva que ha bajado del cielo, quien beba de esta agua no tendrá sed jamás".

Sí... me sorprendí mucho al recordar esta frase, pues tan pura y simple es el agua, como sencillo y humilde Jesucristo. ¿No sería esto suficiente para que amemos más al agua e infinitamente más a quien la creó y nos la regaló?

El mismo Jesucristo hace una analogía de sí con el agua.

Al hacer esto le imprime un carácter sagrado, pues se representa a sí mismo como el agua viva.

Tal vez, también por eso y por todo lo que el agua representa, quiso ser bautizado con agua en el río Jordán.

Además, al morir, de su costado brotó agua cuando el soldado romano le clavó su lanza. Y ya que el mismo Jesucristo se representó como agua, comprendo ahora el porqué del nombre de su madre, María que quiere decir "gota del mar"...

Por eso tenía que llamarse así: María. Porque de esta gota del mar nació otra gotita, y se convirtió en más que el mismo mar; un mar de amor de agua viva donde todos saciamos nuestra sed espiritual, nuestra sed de Dios.

Creo que lo que diga respecto a las reflexiones anteriores sería demasiado pobre, por lo que considero que cada quien puede hacer las suyas propias…

Sin embargo, además de la grandeza que el significado del agua cobraba para mí, el Maestro habló y la enseñanza fue la más espiritual de todas.

Comprendí que, así como el agua está tan ligada a Dios, pues Él es su creador, también yo lo estoy, pues fui también creado por Él, de tal forma que mi sed espiritual queda saciada al acercarme a Dios, al disfrutar de ser como agua y estar ligado a Él. Comprendí que cuando hay un vacío espiritual no se puede llenar con nada que no sea Dios…

Entonces tuve el deseo de ser como el agua, la cual es tan pura y sencilla que hasta Jesucristo quiso tener una madre que se llamara María, es decir "gota del mar" por lo que quise vivir siempre en ese mar de amor que es Dios mismo.

XVIII

EL MAESTRO SE DESPIDIÓ… PERO SIGUE AQUÍ

Hace algunos meses el Doctor nos dio la maravillosa noticia de que estaba totalmente curado del cáncer. Tendría que hacerme algunas revisiones periódicas, pero se mostró muy optimista pues mi cuerpo estaba muy fortalecido, como si la enfermedad nunca hubiera existido.

¡Triunfé! Lo tengo que reconocer. ¡Vencí al cáncer! No encontraba palabras para describir la emoción que sentí cuando recibí la noticia; tal vez alegría o gozo se le parezcan un poco, porque era mucho más que eso. Pero no vencí solo, fuimos un equipo donde la medicina principal fue el amor, y yo la tomaba todos los días en forma de agua.

Fui el protagonista de esta historia.

Lloramos juntos otra vez pero ahora de alegría y agradecimiento. De nuevo nos acompañó el agua en forma de lágrimas pero ahora para celebrar la vida, *mi vida*.

Salimos del hospital y mi esposa e hijos me invitaron a comer para festejar. Durante el transcurso de la comida, después de agradecer a cada uno por su maravilloso apoyo, quise externar todas las enseñanzas del Maestro compartiéndolas con ellos. Pude notar cómo, al escuchar sobre cada una de ellas, se sorprendían tanto como yo me había sorprendido. Me hacían muchas preguntas a las que yo trataba de responder de la mejor forma.

La más sorprendida fue mi esposa, era asombrosa la atención con que me escuchaba, de tal manera que pudo comprender por completo el significado de la gota de agua que comparamos con el diamante.

Mi hijo me aclaró que ahora entendía que yo tuviera que "rodear a la gran montaña" que representaba el cáncer pues, al hacerlo, me había enriquecido muchísimo, por lo que ahora podría llevar riqueza de experiencia a muchas personas. Me sorprendí de que en su pequeña persona pudiera haber alguien tan sabio. Pero... pensándolo bien, comprendo que sea así, pues mi hijo es como una gota de agua.

Del silencio de mi hija al escucharme recibí grandes enseñanzas, pues había comprendido tan bien todo que no encontraba palabras para poderlo explicar. Siendo tan pequeña, comprendió que no todo lo que se siente o se piensa se puede expresar con palabras.

Entendí el valor del silencio, del elocuente silencio; de él se puede aprender mucho. ¿Qué sería de la música sin el silencio entre sus notas? ¡Hasta el silencio es parte de la música! Como el agua lo es de nosotros.

Ya estando totalmente recuperado acepté la invitación del Oncólogo para poder compartir con muchas más personas mi experiencia de cómo vencí al cáncer, pero no quise limitarme al físico, pues sobre ello los Médicos tienen la palabra. Hay otro tipo de cáncer que hace tanto o más daño que el del cuerpo: el cáncer del alma, el cual, gracias a la inconsciencia de la gente y a la rutina, casi nadie acepta padecer y es, muchas veces, el origen del cáncer del cuerpo.

Es por eso que hablo muy poco de la enfermedad física que tuve; hablo más bien de cómo contribuí a traerla a mi vida, es decir cómo la contraje y de cómo, aprendiendo a amar y a amarme apoyado por quienes me aman, la saqué de mí.

Algunos días después hablé con el Doctor y mi familia respecto a las charlas que tendría con los enfermos y al confesarles cómo me causaba cierto temor el tratar de llevar un mensaje que ayudara a quienes aunque vivos, muchas veces ya se sienten muertos, mi esposa me sugirió escribirlo; de esta forma, las personas tendrían una especie de manual para consultarlo y en cada reunión podríamos ir leyendo alguna parte para después comentarla entre todos. Como otras veces, la maravillosa inteligencia de mi esposa nos había resuelto otro problema.

Al iniciar las charlas me guiaba sólo por notas, pues aun no terminaba este libro.

Poco a poco fueron llegando todo tipo de personas a escucharme, incluso aquéllas que físicamente no tenían cáncer pero sí reconocían sufrir de cáncer del alma: tristezas, rencores, odios, envidias, preocupaciones, celos, ¡inclusive pensamientos suicidas! Y todo ello repercutía en su salud física, en sus relaciones familiares, sociales y hasta en su trabajo de una forma u otra. Llegó tanta gente que tuvimos que buscar un espacio mucho más grande para las reuniones; inclusive, ahora tengo que viajar para compartir mi experiencia en muchos lugares a los que me invitan, para llevarles un poco de agua fresca y saciar su sed de cómo sanar del cáncer del alma.

Perdón, no he aclarado el punto de que me gusta mucho escribir, por lo que la idea de hacerlo me pareció fantástica, pues se me facilitó mucho el compartir mis experiencias por medio de este libro que forma parte integral de mi vida.

Tal vez no sea una gran historia ni pueda aspirar a grandes galardones literarios; sin embargo, el único premio que deseo es que alguien… ¡No! solamente alguien no. ¡Muchas! ¡De verdad muchas personas lo lean y así se ayuden un poco a curarse el cáncer del cuerpo, pero sobre todo sanen del cáncer del alma con él!

Ese es y será mi más grande premio, pues deseo enormemente que tú no tengas que sufrir de cáncer para cambiar tu tren de emociones y para que pases de ser una persona de carácter débil a una de carácter fuerte. Y si ya lo sufres en el alma o en el cuerpo o sufres de cualquier otra enfermedad entonces lee, conviértete en gota de agua, ¡sigue las enseñanzas del agua y escucha al Maestro!

EPÍLOGO

Varios meses después de que todo esto sucedió y para descansar un poco de mis charlas, decidimos darnos unas vacaciones y poder terminar por fin mi escrito. Quisimos ir al mar, pues todos deseábamos estar más en contacto con el agua. Escogimos las bellas playas de la Riviera Maya, pues el mar, la abundante vida y los paisajes en este lugar son de verdad paradisíacos.

El último día de vacaciones, después de comer, decidimos ir a una de las playas pues tendríamos que regresar al día siguiente y yo quería admirar de nuevo los hermosos paisajes.

Mi esposa y mis hijos buscaban conchas y caracoles de mar para la pecera de mi hija, pues el pez que había matado a "Plumitas" ya se había ganado el cariño de mi hija y también del resto de la familia, así que ella no quería volver sin llevarle un regalo.

Fue cuando me quedé solo en la playa que el Maestro llegó de nuevo, me inspiró nuevas enseñanzas, pero ahora con el canto del mar como fondo de su hermosa voz mientras el mar cosquilleaba en mis pies y la arena bailaba con el mar.

Yo le hice muchas preguntas sobre cómo ayudar a las personas que me escucharan; otras no las pude hacer pues se adelantaba con la respuesta. Me habló sobre las enseñanzas del agua y cómo compartirlas.

De pronto intuí que esa sería la última vez que lo escucharía, al menos en mucho tiempo porque nunca lo vi, por lo que quise agradecer por las enseñanzas. Lo que pasó después me entristece mucho recordarlo y creo que tú también lo recuerdas. Dentro de mi mente le pedí con todas mis fuerzas que todo aquél que lea este libro reciba también sus enseñanzas de una manera tan clara como yo las recibí, reciba la salud y la vida, pues es tu derecho divino, querido lector.

Por todo lo anterior decidí escribir este libro, con sus enseñanzas simples, transparentes y frescas pero muy valiosas, tanto o más que un diamante.

Decidí que fuera un libro pequeño, porque hasta en su tamaño tenía que ser así, como una gota de agua. De esta forma yo podría compartir contigo una parte de mi vida y, al leerla, deseo que te ayude a *ser*.

Al llegar mi esposa y mis hijos con las conchas y caracoles decidimos marcharnos. Al ponerme de pie, el mar nos cantó una canción, el último rayo de sol dejó de brillar, la espuma se despidió de mí tocando mis pies, yo me incliné para tocarla con mi mano y, al levantarme, una gota cayó de uno de mis dedos y volvió al mar después de despedirse de mí.

Entonces, tuve el deseo de seguir las enseñanzas del agua para servir, purificar, curar, saciar la sed, llenar de vida, ¡Ayudar a ser!

Por eso, hoy dejo en tus manos una gota de agua… una gota de mí.

Esto no es el fin, es apenas el principio de la mejor historia de todas… la tuya.

Tu amigo

J. Rafael Alcántara S.